AF413157

PUISSANCE CÉRÉBRALE

Puissance cérébrale

Percer les secrets de l'apprentissage et de la mémoire

B. VINCENT

QuantumQuill Press

CONTENTS

Introduction   1

1   Chapitre 1 : Anatomie et fonction du cerveau   4

2   Chapitre 2 : Neuroplasticité   7

3   Chapitre 3 : Systèmes de mémoire   10

4   Chapitre 4 : Neurosciences cognitives de l'apprentissage   13

5   Chapitre 5 : Techniques d'apprentissage efficaces   17

6   Chapitre 6 : Facteurs liés au mode de vie qui affectent la santé cérébrale   20

7   Chapitre 7 : Le rôle de l'émotion et de la motivation dans l'apprentissage   24

8   Chapitre 8 : Apprendre à l'ère numérique   27

9 Chapitre 9 : Apprentissage tout au long de la vie et
vieillissement cérébral   30

10 Chapitre 10 : Applications pratiques et études de cas   33

Réflexion Sur Le Voyage   36

Annexe A : Glossaire Des Termes   39

First Printing, 2024

Introduction

Embrasser le pouvoir intérieur

Imaginez avoir un appareil si puissant qu'il pourrait transformer vos fantasmes en monde réel, vos questions en réponses et vos réflexions en manifestations. Cet appareil ne se trouve pas dans le monde extérieur mais dans votre propre cerveau. C'est votre cerveau – l'organe le plus époustouflant et le plus glorieux du corps humain. Au cœur de chaque choix, mémoire, apprentissage et entreprise inventive, l'esprit organise une danse expressive aux multiples facettes de neurones et de neuro-transmetteurs, nous permettant d'explorer les subtilités du monde.

Cependant, en général, ce potentiel étonnant reste en grande partie inexploré. Les mystères de l'expansion de l'apprentissage et du dépasse-ment des limites de la mémoire sont souvent assombris par les légendes et la tromperie. À une époque où les données sont abondantes mais où les connaissances sont rares, comprendre les véritables capacités de vos prouesses intellectuelles est le moyen d'ouvrir une existence d'ap-prentissage amélioré, de mémoire plus développée et de travail mental supérieur.

Ce livre, « Les prouesses intellectuelles : ouvrir les mystères de l'apprentissage et de la mémoire », est votre manuel pour démystifier les subtilités de l'esprit et découvrir les méthodologies qui peuvent favoriser l'amélioration des capacités mentales. Grâce à l'exploration d'une logique approfondie et à l'utilisation de stratégies d'apprentissage démontrées, vous découvrirez comment perfectionner votre cerveau, travailler sur votre mémoire et changer la manière dont vous tirez le meilleur parti de chaque situation.

L'excursion à venir

L'excursion à travers les pages de ce livre est une révélation et un renforcement. En comprenant comment fonctionne votre esprit, vous ouvrez la possibilité de développer davantage vos compétences d'apprentissage, de conserver les données plus longtemps et d'appliquer les informations d'autant plus réellement. Que vous soyez un étudiant cherchant à atteindre la grandeur scolaire, un expert essayant de rester en avance dans un climat sérieux, ou simplement quelqu'un ayant soif d'apprentissage en profondeur, les connaissances données ici seront significatives.

Notre enquête nous fera découvrir les normes centrales des systèmes de vie mentale et l'idée neuroplastique de l'apprentissage et de la mémoire. Nous approfondirons la neuroscience mentale derrière la façon dont nous apprenons, démêlerons les cadres de mémoire qui supervisent la façon dont nous conservons les données et analyserons l'effet des décisions liées au mode de vie sur notre bien-être mental. En outre, nous examinerons les aspects profonds et inspirants de la prise en main, en comprenant ce qu'ils signifient pour notre capacité à traiter et à mémoriser les données.

Munis de ces informations, nous présenterons une progression de procédures et de techniques d'apprentissage réussies destinées à améliorer vos propensions à la révision, à améliorer le maintien de la mémoire et à travailler sur l'exécution mentale. Des répétitions basées sur des preuves comme la redondance divisée et le contre-interrogatoire élaboré au travail de nutrition, d'exercice et de sommeil du bien-être cérébral, vous découvrirez comment gérer toute la force de votre esprit.

À mesure que nous passerons des hypothèses à des applications viables, vous découvrirez comment adapter ces procédures aux difficultés et aux chances de l'ère informatisée. Nous étudierons l'idée d'un apprentissage enraciné en profondeur et l'importance de suivre le rythme de l'essentiel mental à mesure que nous vieillissons. De véritables analyses contextuelles montreront comment les personnes et les réseaux ont appliqué efficacement ces normes pour réaliser des améliorations étonnantes en matière d'apprentissage et de mémoire.

Permettre votre excursion mentale

Ce livre dépasse un assortiment de réalités et de techniques ; c'est une source d'inspiration. En comprenant les mystères de l'apprentissage et de la mémoire, vous disposez des appareils nécessaires pour apporter des améliorations significatives dans votre existence quotidienne. La voie vers l'amélioration des prouesses intellectuelles n'est pas sans difficultés, nécessitant de l'engagement, de la constance et une volonté d'essayer. Cependant, les prix sont illimités, ce qui incite à une vie vraiment satisfaisante, utile et mentalement vivante.

En partant pour cette excursion, rappelez-vous que la mission d'information est une expérience profondément enracinée. Les techniques et expériences présentées ici ne sont pas le dernier mot mais plutôt une aventure vers une compréhension plus profonde de vos capacités mentales. La véritable capacité de votre esprit est simplement limitée par votre obligation de développement et d'apprentissage.

Avec chaque page, vous vous rapprocherez de l'ouverture des mystères de votre cerveau, du dépassement des limites de votre apprentissage et de l'atteinte d'un degré de mémoire et de capacités mentales que vous auriez pu croire inconcevable. Bienvenue dans cette excursion que l'on ne peut qualifier que d'épique, une excursion au cœur des prouesses intellectuelles.

La voie à suivre

Au fur et à mesure que nous progressons, laissez chaque élément agir comme un guide, éclairant la voie vers l'amélioration des capacités mentales. Gardez une attitude réceptive, soyez prêt à remettre en question vos préjugés et prévoyez d'adopter les procédures qui changeront votre façon de gérer l'apprentissage et la mémoire. Les faits privilégiés de votre esprit anticipent, et avec eux, la capacité de vous transformer.

| 1 |

Chapitre 1 : Anatomie et fonction du cerveau

Comprendre les conceptions et les capacités vitales du cortex frontal est essentiel pour percer les secrets de l'apprentissage et de la mémoire. Le cortex frontal humain, un organe déroutant et confus, est le point focal de contrôle du cadre tangible et dirige tout, des capacités vitales fondamentales aux cycles mentaux complexes. Ici, nous rechercherons les plans cruciaux du cortex frontal et leurs positions dans l'apprentissage et la mémoire.

Le développement du cortex frontal

Le psychisme peut être complètement divisé en trois parties essentielles : le cerveau, le cervelet et le tronc cérébral.

Le cerveau : la plus grande partie du cortex frontal, à risque pour les capacités mentales telles que la pensée, l'apprentissage, la mémoire et la tenue. Il est isolé en différents côtés de l'équateur (gauche et droit) et est également divisé en courbures : tournée vers l'avant, pariétale, transitoire et occipitale, chacune avec des capacités spécifiques.

Le cervelet : Disposé sous le cerveau, sa capacité fondamentale est d'orchestrer des tournures obstinées d'événements, d'harmonie et de position mais il attend également des éléments d'apprentissage moteur et de capacités mentales.

Le tronc cérébral : sert probablement de zone d'échange communiquant le cerveau et le cervelet à la moelle épinière. Il contrôle diverses capacités irremplaçables, notamment le rythme cardiaque, la respiration et les cycles de repos.

Paramètres régionaux clés liés à l'apprentissage et à la mémoire

Hippocampe : Disposé dans le virage transitoire, l'hippocampe joue un rôle crucial dans l'amélioration des nouveaux souvenirs et est enfermé dans l'apprentissage.

Amygdale : De plus, dans le virage transitoire, elle traite les sentiments et est associée à l'apprentissage et à la mémoire à la fois rapprochés et personnels.

Cortex préfrontal : une partie du cortex frontal, elle est verrouillée avec une direction, un raisonnement décisif et une organisation, et attend une section dans la mémoire de travail.

Néocortex : Cette couche externe du cerveau est verrouillée par des fonctions du cortex frontal plus exigeantes telles que la perspicacité matérielle, le temps des demandes motrices, le raisonnement spatial et le langage.

Comment le cortex frontal cycle l'information

L'approche la plus largement reconnue de l'apprentissage et de la mémoire intègre diverses avancées : encodage, association, stockage et récupération. Ces méthodes attirent différentes parties du cerveau :

Encodage : L'hippocampe et les structures de courbure communes normales enveloppantes sont fondamentaux pour l'encodage de nouvelles informations.

Association : communication par laquelle des informations académiques brèves et récentes se révèlent cohérentes et de longue durée. Cela intègre à la fois l'hippocampe pour les souvenirs sans équivoque et les noyaux gris centraux pour les souvenirs procéduraux.

Limite : les informations sont traitées dans différentes zones cérébrales interconnectées. Le cortex attend un rôle gigantesque dans le stockage très long des données.

Récupération : passage aux informations mises de côté dans le psychisme, qui s'appuie sur l'hippocampe pour les souvenirs applicables et sur le cortex préfrontal pour la mémoire de travail.

Neurones et neurotransmetteurs

Au petit niveau, les capacités du cerveau sont assurées par des neurones, ou cellules nerveuses, qui communiquent entre elles via des signes électriques et composés. Cette correspondance est exploitée par des connexions neuronales, des messagers de substance qui transmettent des signaux à travers les synapses (les ouvertures entre les neurones) pour transmettre des informations.

Malléabilité synaptique : limite des associations cérébrales qui peuvent se maintenir ou s'affaiblir sur une période prolongée, en fonction des ajouts ou des diminutions de leur activité. Cette flexibilité est la préparation de l'apprentissage et de la mémoire.

Les cadres de vie et les capacités du cerveau sont étroitement associés à la façon dont nous apprenons et mémorisons. Des structures de niveau colossales comme le cerveau et le cervelet aux efforts actuellement coordonnés entre les neurones et les neurotransmetteurs, chaque partie joue un rôle crucial dans nos capacités intellectuelles. Comprendre ces bases ouvre la voie à l'examen de la manière dont nous pouvons travailler sur ces cycles, un sujet que nous aborderons au cours des segments.

Chapitre 2 : Neuroplasticité

Polyvalence cérébrale

La flexibilité cérébrale, généralement appelée malléabilité mentale ou flexibilité mentale, implique la capacité du cortex frontal à changer et à changer tout au long de la vie d'un solitaire. Cette adaptabilité se manifeste de plusieurs manières, notamment par le développement de nouvelles affiliations cérébrales, la génération de nouveaux neurones et la réparation des réseaux mentaux en fonction de l'apprentissage, de l'expérience et des blessures. La flexibilité cérébrale est la base de notre capacité à dominer de nouvelles capacités, à se remettre de blessures mentales et à nous conformer à de nouvelles conditions ou conditions.

Types de flexibilité cérébrale

• Malléabilité fondamentale : l'adaptabilité essentielle suggère la capacité du cortex frontal à réellement modifier son développement à la lumière de l'apprentissage ou de l'expérience. Cela rappelle les changements dans la relation entre les neurones, appelés synapses, et les changements dans les branches dendritiques et les axones des neurones.

• Flexibilité pragmatique : La flexibilité utilitaire est la capacité du cortex frontal à déplacer les capacités d'un endroit blessé du cerveau vers des zones intactes. Ce type de flexibilité permet au cerveau de compenser les blessures et de s'adapter aux nouveaux apprentissages ou aux changements environnementaux.

Instruments derrière la polyvalence de Cerebrum

• Malléabilité synaptique : Au centre de la flexibilité de l'esprit se trouve l'adaptabilité synaptique, la limite des synapses (les signes de correspondance entre les neurones) à maintenir ou à paralyser après un certain temps. La flexibilité synaptique est cruciale pour l'apprentissage et la mémoire, car elle a un impact sur la manière dont les neurones peuvent communiquer entre eux.

• Neurogenèse : Autrefois considérée comme inimaginable chez l'adulte, la neurogenèse, la méthode la plus connue pour fabriquer de nouveaux neurones, se produit dans un endroit précis du psychisme, semblable à l'hippocampe. Ce cycle est majeur pour façonner de nouveaux souvenirs et apprendre.

Facteurs influençant la flexibilité cérébrale

• Âge : Si la flexibilité cérébrale se produit tout au long du futur, elle s'exprime davantage chez les jeunes. Quoi qu'il en soit, les adultes peuvent également améliorer la flexibilité de leur cortex frontal grâce à diverses activités et expériences.

• Apprentissage et expérience : participer à de nouveaux exercices d'apprentissage, acquérir de nouvelles capacités et être initié à diverses expériences améliore la polyvalence de l'esprit en dynamisant le processus de nouvelles affiliations cérébrales.

• Entraînement : le vrai travail s'occupe dans l'ensemble et influence sérieusement le cortex frontal. La pratique propulse la neurogenèse et l'apparition de facteurs neurotrophiques, qui favorisent l'amélioration des neurones et la flexibilité synaptique.

• Régime alimentaire et alimentation : un régime alimentaire riche en fortifications cellulaires, en graisses insaturées oméga-3 et en divers suppléments maintient la santé mentale et met à jour la flexibilité cérébrale.

• Repos : Un repos agréable est fondamental pour la flexibilité cérébrale. Pendant le repos, le cortex frontal ajuste et consolide les souvenirs, favorisant ainsi l'apprentissage et l'amélioration de la mémoire.

Repenser la polyvalence de Cerebrum

Comprendre la flexibilité de l'esprit nous permet d'adopter des modes de vie et de participer à des pratiques qui font progresser la prospérité du cortex frontal et les capacités mentales. Voici ensuite plusieurs méthodes pour développer davantage la flexibilité mentale :

• Obtenir sans relâche : tester le psychisme avec de nouvelles informations et capacités revigore le plan de nouveaux processus mentaux.

• Action authentique : le travail dynamique standard améliore les capacités mentales et redessine la neurogenèse.

• Soins et réflexion : des pratiques telles que la considération et la réflexion peuvent en outre favoriser la concentration, réduire la pression et dynamiser la flexibilité de l'esprit.

• Excellent en consommant moins de calories : une alimentation saine maintient la santé mentale et peut améliorer les capacités mentales.

• Association sociale : participer à des collaborations sociales critiques accélère le psychisme et soutient la prospérité mentale.

La flexibilité cérébrale offre une certaine perspective sur la capacité de changement et d'amélioration du psychisme. En l'obtenant et en utilisant les principes de polyvalence cérébrale, nous pouvons mettre à jour notre apprentissage, notre mémoire et, pour la plupart, nos capacités intellectuelles. Cette partie présente l'importance d'adopter un mode de vie qui favorise la prospérité du cortex frontal, permettant aux lecteurs de participer à des pratiques qui accélèrent la polyvalence de l'esprit et favorisent l'apprentissage durable et l'adaptabilité mentale.

| 3 |

Chapitre 3 : Systèmes de mémoire

Saisir les cadres de mémoire

L'esprit humain héberge des cadres complexes pour traiter, stocker et récupérer les données, ce qui rend l'apprentissage et la révision envisageables. La mémoire n'est certainement pas un élément solitaire, mais plutôt un regroupement en étoile de frameworks, chacun avec des tâches et des systèmes intéressants. Ces cadres nous permettent de nous souvenir de rencontres précédentes, d'apprendre de nouvelles données, d'explorer notre situation actuelle et de planifier ce qui nous attend.

Types de cadres de mémoire

• Mémoire tangible : la mémoire tactile est la première phase de la mémoire. Il permet aux utilisateurs de conserver des impressions de données tangibles après l'arrêt de la première mise à niveau. Cette mémoire super momentanée dure d'une partie négligeable d'un instant à quelques secondes et est fondamentale pour voir un monde persistant et stable.

• Mémoire momentanée (STM) et mémoire de travail : la mémoire transitoire agit comme un cadre de stockage éphémère pour les données que nous envisageons ou traitons actuellement. La mémoire de travail, une idée connectée, inclut le contrôle des données conservées dans la mémoire transitoire, comme le fait de prendre soin d'un énoncé numérique dans votre esprit. STM conserve normalement les données pendant environ 20 à 30 secondes, tandis que la limite de mémoire de travail est limitée à environ 7 +/- 2 éléments de données.

• Mémoire longue distance (LTM) : la mémoire longue distance est le cadre de l'esprit pour ranger, rendre utile et récupérer les données pendant des périodes prolongées. LTM peut durer de quelques minutes à toute une vie et a une limite apparemment illimitée. Il est divisé en mémoire sans équivoque (révélatrice) et mémoire vérifiable (non définitive).

o Mémoire explicite : ce type comprend un examen conscient des données, des réalités et des rencontres et est en outre divisé en mémoire décousue (rencontres et occasions individuelles) et mémoire sémantique (réalités et informations générales).

o Mémoire implicite : la mémoire vérifiable intègre des souvenirs dont nous ne sommes pas intentionnellement conscients, comme la mémoire procédurale (capacités et missions), les affiliations profondes et les réactions moulées.

Le travail de l'esprit dans la mémoire

Diverses parties du cerveau assument des rôles critiques dans différents cadres de mémoire :

• Hippocampe : Base pour le développement de nouvelles réminiscences expresses et mémoire spatiale.

• Amygdale : Associée à une mémoire profonde, améliorant la revue des événements véritablement chargés.

• Cortex cérébral : stocke des souvenirs sémantiques et verbeux complexes, en s'appropriant des composants dans divers districts cérébraux.

• Cervelet et ganglions de la base : assument des rôles dans la mémoire procédurale, ajoutant à l'acquisition de capacités et à l'arrangement de propension.

Développement de la mémoire et interaction de révision

Le développement de la mémoire comprend trois cycles clés : l'encodage, le stockage et la récupération.

• Encodage : la méthode impliquée dans la conversion des informations en souvenirs. Cela peut être influencé par la considération, la redondance, l'état profond et les associations avec les informations existantes.

• Capacité : union et intégration de données codées dans un stockage momentané ou à long terme.

• Récupération : accéder et prendre connaissance des données stockées dans la mémoire longue distance.

Mise à niveau des infrastructures de mémoire

Comprendre les différents cadres de mémoire prend en compte les systèmes désignés pour mettre à niveau la capacité de mémoire :

• Développer davantage l'encodage : des stratégies telles que la pratique élaborée, les aide-mémoire et la création d'associations significatives peuvent améliorer l'encodage des données.

• Renforcement de la capacité : une enquête remaniée, une réitération divisée et la garantie d'un repos satisfaisant peuvent aider à unifier les souvenirs pour un stockage à long terme.

• Travailler avec la récupération : travailler sur l'examen des données, les montrer aux autres et utiliser des signes ou des paramètres liés à la mémoire peut développer davantage les compétences en récupération.

Les cadres de mémoire déroutants du cerveau humain soutiennent notre apprentissage, notre personnalité et nos communications avec le monde. En utilisant les expériences sur le fonctionnement de ces cadres, les gens peuvent adopter des procédures pour développer davantage leurs capacités de mémoire, améliorant ainsi les aspects individuels et experts de leur vie. Comprendre les entrées de mémoire selon un point de vue logique et offre des applications raisonnables pour la vie quotidienne, nous permettant de mener une vie plus instruite et réussie.

| 4 |

Chapitre 4 : Neurosciences cognitives de l'apprentissage

Comprendre les neurosciences mentales

Les neurosciences mentales font partie des neurosciences qui se concentrent sur les capacités mentales de base du système cérébral telles que l'apprentissage, la mémoire, la considération et la pensée critique. Il surmonte tous les problèmes entre la conception réelle du cerveau et les cycles déroutants de la psyché, en utilisant différentes techniques et avancées pour étudier comment le mouvement de l'esprit est associé aux rencontres mentales.

Le principe cérébral de l'apprentissage

L'apprentissage comprend des changements dans le cerveau qui prennent en compte l'obtention, la manipulation et la capacité de nouvelles données. Cette interaction est exploitée par quelques régions clés :

• Le cortex préfrontal : engagé avec des capacités principales, une direction indépendante et une application pour trouver comment résoudre les problèmes.

• L'Hippocampe : Assume un rôle essentiel dans le développement de nouveaux souvenirs et la réconciliation des informations nouvelles et existantes.

• L'amygdale : liée à l'apprentissage profond et à la connexion avec l'importance des souvenirs.

• Le cervelet et les ganglions de la base : engagés dans la maîtrise des capacités et des propensions coordonnées, individuellement.

Synapses et apprentissage

Les synapses sont des messagers de substances qui communiquent des signaux à travers les neurotransmetteurs en commençant par un neurone puis en passant au suivant, impactant et dirigeant les expériences croissantes. Les synapses clés comprennent :

• Dopamine : liée à la rémunération et à l'inspiration, l'apport de dopamine au cours d'expériences de croissance construit des façons de se comporter et les rend vouées à être ressassées.

• Acétylcholine : participe à la considération et à l'enthousiasme en travaillant avec l'encodage de nouvelles données.

• Glutamate : Engagé dans la polyvalence synaptique, le glutamate est fondamental pour la potentialisation à long terme, un instrument pour renforcer les associations synaptiques et un cycle principal d'apprentissage et de mémoire.

Avancées en neurosciences mentales

Les progrès de l'innovation ont considérablement amélioré la manière dont nous pouvons interpréter le travail de l'esprit dans l'apprentissage :

• Imagerie par réverbération attrayante et pratique (IRMf) : permet aux scientifiques d'imaginer des régions cérébrales dynamiques pendant des tâches mentales, montrant où se produisent les expériences de croissance.

• Électroencéphalographie (EEG) : mesure le mouvement électrique dans le cerveau, donnant des informations sur la planification des cycles mentaux liés à l'apprentissage.

• Excitation attractive transcrânienne (TMS) : peut améliorer ou perturber les capacités cérébrales dans des régions désignées, aidant ainsi à comprendre le rôle des zones mentales explicites dans l'apprentissage.

Spéculations de l'apprentissage en neurosciences mentales

Quelques spéculations au sein des neurosciences mentales donnent un sens à la manière dont l'apprentissage se produit, notamment :

• Hypothèse hebbienne : fréquemment résumée par "des cellules qui s'activent ensemble, se connectent ensemble", cette hypothèse suggère que les associations synaptiques entre les neurones se renforcent au fur et à mesure de leur mise en œuvre.

• Codage prémonitoire : recommande que l'esprit crée et mette continuellement à jour ses attentes concernant le monde, en apprenant en rectifiant les erreurs entre les rencontres anticipées et authentiques.

• Connexionnisme : souligne le rôle des réseaux cérébraux dans la compréhension, en recommandant que des cycles mentaux complexes émergent des communications des unités de base (neurones) à l'intérieur de l'organisation.

Améliorer l'apprentissage grâce aux neurosciences

Comprendre les neurosciences mentales de l'apprentissage offre des applications raisonnables :

• Enseignement personnalisé : des bribes de connaissances mises en pratique peuvent donner lieu à des systèmes d'apprentissage personnalisés qui prennent particulièrement soin des qualités et des lacunes individuelles.

• Neurofeedback : en émettant des critiques constantes sur les mouvements de l'esprit, les gens peuvent comprendre comment contrôler leurs cycles mentaux, améliorant ainsi leur concentration et leur productivité d'apprentissage.

• Améliorateurs mentaux : l'examen des synapses et des composants cérébraux pourrait inciter au développement de médicaments ou de médiations améliorant l'apprentissage et la mémoire.

La neuroscience mentale de l'apprentissage ouvre une fenêtre sur les cycles déroutants qui nous permettent d'apprendre et de nous adapter. En dénouant les subtilités de la façon dont l'apprentissage se produit au niveau du cerveau, nous pouvons favoriser des procédures désignées pour améliorer les stratégies pédagogiques, améliorer les capacités mentales et déterminer la capacité maximale du cerveau humain. Cette section a souligné l'importance de coordonner les expériences en neurosciences dans des applications de bon sens, promettant un avenir où l'apprentissage est plus efficace, personnalisé et ouvert à tous.

Chapitre 5 : Techniques d'apprentissage efficaces

Dans le but de maîtriser la capacité maximale de nos capacités mentales, il est essentiel de trouver des procédures d'apprentissage réussies. Ces systèmes ne visent pas seulement à regrouper des données dans une mémoire transitoire, mais également à améliorer réellement notre capacité à apprendre, comprendre et conserver des informations sur le long terme. Cette section examine les procédures basées sur des preuves qui ont été affichées pour développer davantage les résultats d'apprentissage.

Redondance séparée

La redondance séparée utilise l'impact de division mentale, où l'apprentissage est divisé en plusieurs réunions courtes sur une période plus longue. Cette procédure s'écarte de la réitération massive, où l'apprentissage se déroule au cours d'une longue réunion solitaire. La réitération divisée fonctionne en élargissant délibérément les intervalles entre les réunions d'enquête sur un matériau similaire, renforçant ainsi le maintien et la révision de la mémoire.

• Exécution : utilisez des aide-mémoire pour le nouveau jargon ou les nouvelles idées et examinez-les à des intervalles croissants. Les applications utilisant des calculs de redondance divisée peuvent aider à informatiser cette interaction.

Examen dynamique

La révision dynamique comprend l'animation efficace de la mémoire pendant l'expérience éducative. Plutôt que de parcourir ou d'inspecter le matériel de manière latente, les étudiants se testent en examinant les données sans vérifier le texte. Cette méthode fortifie la mémoire et améliore l'expérience croissante.

• Exécution : Après avoir parcouru une partie du texte, fermez le livre ou couvrez les notes et essayez de revoir les sujets centraux ou les subtilités. Entraînez-vous en utilisant des tests ou des aide-mémoire sans vérifier d'abord les réponses.

Contre-interrogatoire élaboré

Le contre-interrogatoire élaboré est une procédure d'examen minutieux utilisée pour développer la compréhension. Cela comprend des questions sur le « comment » et le « pourquoi » concernant la matière maîtrisée, permettant ainsi aux étudiants de faire des associations entre de nouvelles données et des informations existantes.

• Exécution : Pour chaque nouvelle idée ou réalité, demandez-vous pourquoi elle est valable ou comment elle s'interface avec ce que vous savez définitivement. Ce cycle prend en charge l'incorporation de nouvelles informations aux constructions mentales existantes.

Pratique entrelacée

La pratique entrelacée consiste à mélanger divers thèmes ou sujets pour développer davantage l'apprentissage. Cette différenciation se traduit par une pratique entravée, où un sujet ou un type de problème est largement concentré avant de passer à un autre. L'entrelacement renforce la progression en permettant au cerveau de s'acclimater continuellement à de nouveaux types de problèmes, améliorant ainsi les capacités de pensée critique.

• Exécution : si vous vous concentrez sur les mathématiques, plutôt que de répéter un seul type de problème à la fois, mélangez différents types de problèmes lors d'une seule réunion de rapport.

Double codage

Le double codage réunit les données verbales et visuelles pour améliorer l'apprentissage. En associant des données textuelles à des guides visuels, comme des plans, des graphiques ou des enregistrements, les élèves peuvent développer davantage leur révision et leur compréhension.

• Exécution : lors de l'examen, suivez vos notes avec les visuels applicables. Si vous apprenez une idée, essayez de trouver ou de créer un tableau qui la délimite. Chaque fois que la situation le permet, utilisez du matériel pédagogique verbal et visuel.

L'impact des tests

L'impact des tests, autrement appelé pratique de récupération, propose que la démonstration de la récupération des données à partir de la mémoire améliore et facilite l'apprentissage. Les tests standard recueillent les informations et renforcent l'apprentissage.

• Exécution : utilisez régulièrement des tests pratiques, pas seulement pour l'organisation des tests. L'auto-évaluation ou la collecte de tests peuvent être des méthodes puissantes pour développer l'apprentissage.

Ces méthodes d'apprentissage efficaces, soutenues par la science mentale, offrent des atouts étonnants pour améliorer l'apprentissage et la mémoire. En intégrant ces systèmes dans vos plannings de révision, vous pouvez essentiellement travailler sur votre capacité à apprendre, comprendre et conserver des données. Cette partie accentue l'importance de l'engagement dynamique avec le matériel, l'audit et les tests normaux, ainsi que l'utilisation essentielle de guides visuels dans l'apprentissage. Adopter ces procédures peut inciter à une maîtrise plus productive et plus convaincante, vous engageant à réaliser votre plein potentiel mental.

| 6 |

Chapitre 6 : Facteurs liés au mode de vie qui affectent la santé cérébrale

La mission visant à améliorer l'apprentissage et la mémoire dépasse les simples méthodes de révision et plonge dans un éventail plus large de décisions liées au mode de vie. L'esprit, organe d'une complexité éblouissante, s'épanouit dans des circonstances spécifiques pour fonctionner idéalement. Cette section étudie les facteurs clés du mode de vie qui jouent un rôle urgent dans le maintien et l'amélioration du bien-être cérébral, affectant ainsi de manière détournée nos capacités d'apprentissage et le maintien de la mémoire.

Subsistance

La subsistance joue un rôle central dans le bien-être cérébral. La maxime « Pour être en bonne santé, le type de nourriture que vous mangez est primordial » s'étend à votre cerveau, influençant les capacités mentales, la mémoire et, dans l'ensemble, le bien-être mental. Un régime alimentaire riche en renforts cellulaires, en graisses solides, en nutriments et en minéraux maintient les capacités cérébrales et protège contre la détérioration mentale.

• Graisses insaturées oméga-3 : trouvées dans le poisson, les graines de lin et les noix de pécan, les oméga-3 sont fondamentaux pour le bien-être cérébral, aidant à la construction des cellules mentales et nerveuses essentielles à l'apprentissage et à la mémoire.

• Renforts cellulaires : les baies, les noix et les légumes verts sont riches en renforts cellulaires, qui aident à lutter contre le stress oxydatif et l'irritation, conditions qui peuvent aggraver le vieillissement mental et les maladies neurodégénératives.

• Céréales entières : les sources alimentaires riches en fibres, comme les céréales complètes, peuvent développer davantage la santé cardiaque, en favorisant ainsi la santé cérébrale grâce à une meilleure circulation sanguine.

Activité réelle

La pratique n'est pas seulement avantageuse pour votre corps ; c'est également important pour votre cerveau. Le travail actif standard crée le pouls, qui siphonne plus d'oxygène vers l'esprit. Cela favorise également l'arrivée de produits chimiques, qui créent un climat favorable au développement des synapses.

• Neurogenèse : L'exercice favorise le développement de nouveaux neurones dans l'hippocampe, une zone de l'esprit liée à la mémoire et à l'apprentissage.

• Diminution du stress : le travail normal diminue la pression et la tension, conditions qui peuvent influencer la capacité mentale et la mémoire.

Repos

Le repos est un élément fondamental mais souvent négligé du bien-être cérébral. Des tranquillisants suffisants dans l'apprentissage et la mémoire de deux manières essentielles : d'abord et avant tout, en aidant à combiner les souvenirs, les rendant ainsi plus ancrés ; et en plus, en éliminant des poisons dans le cerveau qui peuvent influencer les capacités mentales.

• Union de la mémoire : pendant le repos, les associations cérébrales significatives qui structurent nos souvenirs sont renforcées et les associations insignifiantes sont supprimées.

• Désintoxication cérébrale : le repos initie le système glymphatique, qui élimine les sous-produits de l'esprit qui s'accumulent pendant les heures d'éveil.

Sentiment mental

La participation à des exercices d'animation intellectuelle maintient l'esprit dynamique et fait progresser l'adaptabilité cérébrale, la capacité du cerveau à façonner de nouvelles associations cérébrales au cours de la vie. Cela peut être accompli en maîtrisant de nouvelles capacités, activités de loisirs ou dialectes, et en résolvant des énigmes ou en participant à des tests de tâches mentales.

• Sauvegarde mentale : les exercices qui mettent l'esprit au défi créent une « prise mentale » pour aider le cerveau à devenir plus résistant aux dommages qui pourraient survenir avec la maturation.

Collaboration sociale

Les humains sont des animaux intrinsèquement amicaux et la coopération sociale ordinaire peut affecter de manière significative le bien-être cérébral. Participer à des discussions significatives, prendre part à des exercices amicaux et maintenir des relations chaleureuses peuvent réduire la pression, éviter la mélancolie et garder le cerveau vif.

• Un encouragement constant : des associations sociales solides proposent une aide de proximité à domicile, ce qui peut atténuer la pression et ses conséquences destructrices pour le cerveau.

• Engagement mental : les collaborations sociales incluent fréquemment des cycles mentaux complexes, comme l'écoute, la réflexion et la réponse, qui peuvent animer les capacités mentales.

Stresser le conseil d'administration

Une pression constante peut déclencher la ruine de l'esprit, influençant les régions associées à la mémoire et à l'apprentissage. Surveiller le stress par le biais de soins, de réflexion, de yoga ou d'autres procédures de relaxation peut protéger le cerveau et améliorer les capacités mentales.

• Diminution des niveaux de cortisol : des niveaux élevés de cortisol chimique sous pression peuvent entraver les capacités mentales, y compris la mémoire et l'apprentissage. Insistez sur le fait que les stratégies de conseil peuvent aider à réduire les niveaux de cortisol et à protéger le cerveau.

Dans l'ensemble, améliorer le bien-être mental grâce à une méthodologie complète englobant la subsistance, l'entraînement, le repos, l'excitation mentale, la collaboration sociale et le stress des cadres peut améliorer fondamentalement l'apprentissage et la mémoire. En adoptant des décisions judicieuses en matière de mode de vie, les gens peuvent maintenir leurs capacités mentales, garantissant que leur esprit reste chaleureux et fort malgré les défis, ouvrant ainsi la capacité maximale de leurs capacités intellectuelles.

| 7 |

Chapitre 7 : Le rôle de l'émotion et de la motivation dans l'apprentissage

Le sentiment et l'inspiration jouent un rôle fondamental dans la collecte, façonnant la manière dont nous exploitons les données et affectant notre capacité à conserver et à examiner les informations. Cette section plonge dans les liens multiples entre les États d'origine proches, les motivations persuasives et l'expérience croissante, offrant des éléments de connaissances sur la manière dont les étudiants peuvent utiliser ces perspectives pour améliorer leurs résultats instructifs.

L'effet du sentiment sur l'apprentissage

Les États proches des pays d'origine affectent considérablement l'expérience éducative. Les sentiments positifs comme l'intérêt, la ferveur et l'intérêt peuvent améliorer les cycles mentaux, notamment la considération, la mémoire et les capacités de pensée critique. Alternativement, des sentiments sombres comme la nervosité, la peur et la lassitude peuvent contrecarrer ces cycles équivalents, rendant l'apprentissage sérieusement éprouvant.

• Améliorer les sentiments positifs : les techniques permettant de cultiver de bons sentiments dans des conditions d'apprentissage intègrent la création d'un air stable et complet, la consolidation des éléments de gamification et l'association du matériel d'apprentissage à des intérêts individuels ou à de véritables applications.

• Superviser les sentiments sombres : les méthodes visant à modérer les sentiments pessimistes intègrent des travaux de soins et de réduction du stress, la définition d'objectifs raisonnables et la recherche d'une contribution forte.

Inspiration : le principal moteur de l'apprentissage

L'inspiration est le principal moteur qui revigore, coordonne et soutient la conduite. En matière d'apprentissage, l'inspiration peut être caractéristique (motivée par un besoin intérieur d'apprendre pour un épanouissement individuel) ou extérieure (déterminée par des rémunérations ou des tensions extérieures).

• Inspiration caractéristique : Cultivée par l'indépendance, l'autorité et la raison, l'inspiration naturelle incite à un engagement plus poussé et à un effort plus incessant dans les exercices d'apprentissage.

• Inspiration étrangère : alors que les inspirations extérieures, par exemple les notes et les récompenses, peuvent être temporairement puissantes, une dépendance excessive à leur égard peut saboter l'inspiration caractéristique. Il est vital d'ajuster ces inspirations.

Méthodologies pour améliorer le sentiment et l'inspiration dans l'apprentissage

• Associé Déterminer comment gérer les intérêts individuels : Rendre l'apprentissage applicable à la vie et aux intérêts des étudiants peut susciter l'intérêt et améliorer l'inspiration.

• Proposer des objectifs réalisables : fixer des objectifs clairs et réalisables donne des conseils et suit l'inspiration grâce à un sentiment de progrès et de réussite.

• Développer une mentalité de développement : favoriser une perspective de développement – la conviction que les capacités peuvent être créées par l'engagement et un travail difficile – peut soutenir la flexibilité, l'inspiration et l'accomplissement.

• Donnez de l'indépendance et de la décision : Permettre aux élèves un certain niveau de décision dans leur manière d'apprendre peut améliorer leur inspiration et leur engagement naturels.

• Utiliser la critique avec succès : une contribution précieuse aide les étudiants à déterminer leur avancement et les domaines de développement, constituant ainsi un instrument persuasif pour un apprentissage et une amélioration continus.

Réseaux de soutien émotionnel profonds et convaincants

• Aide sociale : progresser au sein d'une zone locale forte peut apporter un soutien à proximité du domicile et stimuler les gens grâce à des efforts coordonnés et des objectifs partagés.

• Auto-orientation : Montrer aux élèves des procédures d'auto-orientation, par exemple, fixer des objectifs, vérifier les progrès et changer de système, les engage à prendre le contrôle de leur façon d'apprendre.

Comprendre et utiliser les fonctions du sentiment et de l'inspiration dans l'apprentissage peut fondamentalement améliorer les résultats pédagogiques. En encourageant les états d'origine positifs à proximité, en ajustant les inspirations inhérentes et extérieures et en exécutant des techniques qui contribuent à une prospérité et une inspiration profondes, les enseignants et les étudiants peuvent créer des opportunités de croissance plus viables et plus satisfaisantes. Cette partie souligne l'importance de s'occuper des aspects profonds et persuasifs de la maîtrise, en offrant des conseils pragmatiques pour développer un climat qui soutient à la fois le cerveau et l'âme en quête d'informations.

Chapitre 8 : Apprendre à l'ère numérique

L'approche de l'innovation avancée a considérablement modifié le paysage de l'enseignement, offrant de nouvelles portes ouvertes à l'apprentissage tout en introduisant en outre des difficultés extraordinaires. Cette section étudie la manière dont les dispositifs et les étapes avancés remodèlent nos manières d'apprendre, les ramifications de ces changements et les procédures permettant d'explorer réellement l'apprentissage à l'ère informatisée.

Le développement de l'apprentissage avancé

L'apprentissage informatisé intègre un grand nombre d'innovations et de stratégies, depuis les cours en ligne et les classes virtuelles jusqu'aux applications instructives et aux ressources avancées. Le développement de l'apprentissage informatisé s'est traduit par une plus grande disponibilité des données, une adaptabilité des conditions d'apprentissage et des opportunités de croissance personnalisées. Néanmoins, cette évolution nécessite également une réflexion décisive sur les sources de données et les capacités d'acquisition indépendantes.

• Ouverture : Les stades informatisés ont rendu le matériel d'apprentissage plus accessible à un public mondial, séparant les obstacles géologiques et financiers à l'enseignement.

• Personnalisation : l'innovation permet des méthodes d'apprentissage personnalisées qui s'adaptent aux atouts, aux lacunes et à la vitesse de chaque élève, offrant ainsi une expérience pédagogique plus personnalisée.

• Intuitivité : les appareils informatisés fonctionnent avec des opportunités de croissance intelligentes, attirant les étudiants à travers la substance visuelle et sonore, les récréations et la gamification.

Portes ouvertes introduites par Advanced Learning

• Apprentissage profond : les étapes avancées permettent une maîtrise durable, permettant aux gens d'acquérir de nouvelles capacités et informations tout au long de leur vie, sans se soucier du stade de maturité ou de carrière.

• Apprentissage coopératif : les divertissements sur le Web et les scènes coopératives incitent à une reprise distribuée, encourageant les réseaux d'étudiants qui partagent leurs atouts, leurs pensées et leur soutien.

• Expériences basées sur l'information : les enquêtes d'apprentissage donnent des informations sur l'avancement et l'engagement des étudiants, permettant ainsi des médiations et un soutien plus réussis.

Les défis à l'ère de l'informatique

• Surcharge de données : l'énorme quantité de données accessibles en ligne peut être écrasante, ce qui rend difficile la distinction entre sources fiables et fausses.

• Interruption avancée : La présence constante de gadgets informatisés peut provoquer des interruptions, diminuant la viabilité de l'apprentissage et débilitant la fixation.

• Séparation informatisée : malgré les progrès de l'innovation, les variations dans l'accès aux appareils avancés et au Web persistent, aggravant les déséquilibres pédagogiques.

Des systèmes pour un apprentissage informatisé puissant

• Création de compétences informatisées : les compétences de base incluent l'évaluation de la validité des sources en ligne, la maîtrise des libertés et des attentes avancées et l'exploration approfondie des appareils informatisés.

• Superviser les interruptions informatisées : des méthodes, par exemple la définition d'objectifs sans ambiguïté, l'utilisation d'instruments d'utilisation du temps et l'établissement d'un climat d'apprentissage favorable, peuvent aider à limiter les interruptions.

• Encourager le bien-être informatisé : ajuster le temps passé devant un écran avec des exercices déconnectés et répéter des soins avancés peut préserver le bien-être mental et réel à l'ère de l'informatique.

Utiliser l'innovation pour un meilleur apprentissage

• Mixte Prise en main : La consolidation des médias informatisés sur le Web avec des stratégies de classe classiques offre une méthodologie décente qui utilise les qualités des deux conditions.

• MOOC et cours en ligne : de gigantesques cours ouverts sur le Web (MOOC) et d'autres étapes d'apprentissage sur Internet offrent des chances potentielles d'accéder à une excellente scolarité dans des établissements du monde entier.

• Applications et dispositifs instructifs : un assortiment d'applications et d'instruments informatisés soutiennent la progression dans toutes les disciplines, offrant des atouts pour la formation, l'investigation et la création de contenu.

L'apprentissage à l'ère de l'informatique apporte à la fois des portes ouvertes exceptionnelles et des difficultés. En l'obtenant et en explorant ces subtilités, les étudiants peuvent maîtriser des appareils avancés pour améliorer leurs rencontres instructives et atteindre leurs objectifs d'apprentissage. Cette partie souligne l'importance de l'éducation informatisée, d'un engagement attentif en faveur de l'innovation et de l'utilisation clé d'actifs avancés pour favoriser un apprentissage puissant et significatif dans le monde interconnecté actuel.

| 9 |

Chapitre 9 : Apprentissage tout au long de la vie et vieillissement cérébral

Au fur et à mesure que nous explorons les différentes phases de la vie, l'idée d'un apprentissage en profondeur s'avère progressivement énorme, pour l'amélioration individuelle et experte ainsi que pour un système permettant d'équilibrer les impacts de la maturation sur le cerveau. Cette section étudie l'effet d'un apprentissage constant sur le maintien des capacités mentales et sur la modération de la chute régulière qui accompagne la maturation.

L'importance de l'apprentissage en profondeur

L'apprentissage profondément enraciné fait allusion à la quête continue, volontaire et autonome d'informations pour l'une ou l'autre raison individuelle ou experte. Au-delà de l'acquisition de capacités ou d'informations explicites, l'apprentissage durable encourage la flexibilité, la polyvalence et un cerveau curieux et dynamique. Il a été démontré que la participation à des exercices d'apprentissage en profondeur présente divers avantages pour les adultes plus expérimentés, notamment une mémoire plus développée, une meilleure direction profonde et des sensations élargies de joie et de satisfaction.

Le cerveau en pleine maturation

La maturation est liée à différents changements dans la conception et les capacités du cerveau, notamment les diminutions du volume cérébral, les changements dans les structures synapses et la capacité réduite des neurones à communiquer avec succès. Bien que ces progressions puissent influencer les capacités mentales, comme la mémoire, la considération et la pensée critique, la recherche sur l'adaptabilité cérébrale et l'hypothèse de la retenue mentale propose que la participation à des exercices d'animation intellectuelle peut aider à suivre et même à travailler sur les capacités mentales chez les adultes plus établis.

Sauvegarde mentale

La sauvegarde mentale fait allusion à la capacité du cerveau à se débrouiller et à trouver des approches facultatives pour terminer le travail lorsqu'il est confronté à des difficultés. Une emprise mentale plus élevée est associée à un risque moindre de détérioration mentale et peut être développée grâce à la scolarité, à la participation à des exercices d'animation mentale et au maintien d'un mode de vie socialement dynamique.

Systèmes pour faire progresser l'apprentissage en profondeur

• Différents exercices d'apprentissage : participer à divers exercices mentalement revigorants, comme apprendre un autre dialecte, jouer d'un instrument ou entreprendre de nouvelles activités de loisirs, peut améliorer l'adaptabilité mentale et l'imagination.

• Engagement social : participer à des cours collectifs, à des clubs ou à des réseaux en ligne peut apporter une communication sociale et une réassurance quotidienne, ce qui est bénéfique pour le bien-être psychologique et les capacités mentales.

• Activité réelle : un travail actif ordinaire, en particulier des activités vigoureuses, a été démontré pour développer davantage le bien-être mental, augmenter le volume cérébral dans les régions de base et faire progresser la neurogenèse.

• Décisions de mode de vie solides : un régime alimentaire raisonnable, riche en renforts cellulaires et en graisses insaturées oméga-3, un repos satisfaisant et le stress des répétitions du conseil soutiennent la santé mentale et les capacités mentales.

Innovation et apprentissage profond

L'innovation joue un rôle essentiel dans le travail avec un apprentissage durable. Cours en ligne, rencontres en réalité augmentée et scènes informatisées offrent des potentiels d'apprentissage disponibles et adaptables, des portes ouvertes à tous, toutes choses égales par ailleurs. Ces avancées peuvent offrir des opportunités de croissance personnalisées, permettant aux étudiants d'étudier des sujets liés aux revenus à leur propre rythme et à leur propre niveau de compétence.

Un apprentissage en profondeur est un atout essentiel pour améliorer les capacités mentales et améliorer la vie à n'importe quelle étape de la vie. En adoptant les normes d'un apprentissage enraciné en profondeur, les gens peuvent améliorer le bien-être cérébral, suivre le rythme de leurs capacités mentales et participer à une vie satisfaisante et attrayante jusqu'à un âge plus avancé. Cette section met en évidence l'importance de l'apprentissage continu et donne des techniques utiles aux personnes pour rester mentalement dynamiques, socialement associées et véritablement solides, favorisant ainsi le bien-être mental et l'impératif mental tout au long du système de maturation.

Chapitre 10 : Applications pratiques et études de cas

Dans la dernière partie significative de notre enquête sur les capacités mentales, l'apprentissage et la mémoire, nous plongeons dans des applications certifiables et des analyses contextuelles. Ces récits et modèles éclairent comment les normes et systèmes examinés tout au long du livre peuvent être réellement appliqués pour améliorer l'apprentissage, développer davantage la mémoire et maintenir le bien-être mental dans différents contextes et phases de la vie.

Analyse contextuelle 1 : Apprentissage durable à la retraite

Fondation : Maria, enseignante démissionnaire de 68 ans, a choisi de consacrer ses années de retraite à un apprentissage durable. Elle est partie en excursion pour apprendre de nouveaux dialectes et enquêter sur diverses sociétés à travers le mouvement et des cours en ligne.

Systèmes appliqués :

• Différents exercices d'apprentissage : Maria s'est inscrite à des cours de langue en ligne et a participé à des programmes de commerce social.

• Engagement social : elle a rejoint un club de lecture de quartier et une rencontre sur le commerce des langues pour répéter ses nouvelles compétences en dialecte et proposer ses rencontres.

• Activité réelle : Maria a intégré des promenades standard et du yoga dans son emploi du temps quotidien pour améliorer ses capacités mentales.

Résultat : Maria a annoncé des améliorations de sa mémoire et de son habileté mentale. Elle a également éprouvé des sensations accrues de satisfaction et de connexion avec des personnes de différentes fondations.

Analyse contextuelle 2 : Exécuter des stratégies d'apprentissage viables à l'école

Fondation : Une école secondaire d'une ville de taille moyenne a présenté un autre système d'apprentissage au vu des procédures d'apprentissage réussies illustrées dans la partie 5 pour améliorer la compréhension et la maintenance des données par les étudiants.

Techniques appliquées :

• Redondance dispersée et révision dynamique : les enseignants ont effectué des réitérations séparées dans leurs exemples de conception et ont dynamisé la révision dynamique au moyen de tests successifs à faibles enjeux.

• Examen croisé élaboré : les étudiants ont été invités à se concentrer sur des groupes où ils pouvaient poser et répondre aux questions « comment » et « pourquoi » liées au matériel.

• Double codage : les exemples ont été améliorés pour incorporer des guides visuels et des conseils verbaux.

Résultat : Après un semestre, les étudiants ont montré d'énormes améliorations dans leurs notes et dans leur connaissance générale de la matière. Les critiques des étudiants ont également démontré un engagement et une satisfaction accrus dans l'expérience éducative.

Enquête contextuelle 3 : Lutter contre la dégradation mentale liée à l'âge

Fondation : John, un ingénieur résigné de 75 ans, a commencé à voir de douces mémoires disparaître et a choisi de trouver des moyens proactifs pour maintenir son bien-être mental.

Techniques appliquées :

• Apprentissage profond : John s'est mis aux échecs et a commencé à apprendre à jouer du piano, des exercices connus pour revigorer les capacités mentales.

• Activité réelle : Il a intégré la marche animée dans sa pratique quotidienne.

• Décisions saines en matière de mode de vie : John a modifié son régime alimentaire pour incorporer davantage de variétés d'aliments bons pour l'esprit, comme du poisson riche en graisses insaturées oméga-3, des baies et des légumes verts verdoyants.

Résultat : Tout au long d'une année, John a remarqué des améliorations dans sa mémoire, son état d'esprit et, en général, son sentiment de prospérité. Il s'en trouve également d'autant plus dynamique socialement et attiré par son territoire.

Ces analyses contextuelles mettent en évidence la pertinence fonctionnelle des idées examinées tout au long de cet ouvrage. Qu'il s'agisse de perfectionner les études, d'avancer la retraite ou de lutter contre la dégradation mentale, les méthodologies d'apprentissage viables, les décisions en matière de mode de vie et la compréhension des capacités cérébrales peuvent affecter de manière significative nos vies. En adoptant ces normes, les gens, toutes choses étant égales par ailleurs, peuvent libérer tout leur potentiel mental, atteindre leurs objectifs d'apprentissage et participer à une vie vivante et mentalement satisfaisante.

Alors que nous terminons cette partie, il est évident que l'excursion visant à améliorer les capacités mentales et à stimuler l'apprentissage et la mémoire est à la fois profondément personnelle et généralement importante. Les applications et les victoires de la réalité actuelle partagées ici agissent comme une motivation et une démonstration de la force extraordinaire de l'adoption d'un apprentissage durable, de pratiques mentales vitales et de décisions solides en matière de mode de vie.

Réflexion sur le voyage

Nous sommes partis de cette enquête avec la ferme intention d'ouvrir les perspectives privilégiées de la capacité mentale, en plongeant dans les composantes déroutantes de l'apprentissage et de la mémoire. De l'étude essentielle du cerveau aux systèmes importants de mise à niveau mentale, chaque élément a contribué à résoudre une partie de l'énigme de la façon dont nous pouvons gérer notre potentiel mental.

L'étude de l'esprit

Notre processus a commencé par une enquête sur les systèmes vitaux et les capacités de l'esprit, jetant les bases d'une compréhension de la manière dont l'apprentissage et la mémoire sont utilisés à un niveau naturel. Les idées de l'adaptabilité cérébrale et de la limite dynamique du cerveau par rapport au changement sont apparues comme sujets centraux, offrant des attentes et une inspiration à ceux qui tentent d'améliorer leurs capacités mentales.

Techniques pour améliorer l'apprentissage et la mémoire

Le cœur de notre enquête s'est penché sur des techniques raisonnables pour élargir l'apprentissage et développer davantage la maintenance de la mémoire. Des procédures telles que la redondance divisée, l'examen dynamique et le contre-interrogatoire élaboré étaient des idées hypothétiques ainsi que des instruments qui, lorsqu'ils sont appliqués, peuvent fondamentalement améliorer notre compétence et notre adéquation en matière d'apprentissage. En outre, la conversation a porté sur des efforts individuels antérieurs, mettant en évidence l'effet des facteurs liés au mode de vie et l'importance des aspects proches du domicile et persuasifs dans l'expérience éducative.

Application dans la vie quotidienne et plus encore

Les applications de la réalité actuelle et les enquêtes contextuelles qui ont rajeuni les normes évoquées ont peut-être été les plus convaincantes. Ces histoires ont montré que les méthodologies visant à améliorer les capacités mentales ne se limitent pas à des activités scolaires ou déconnectées, mais qu'elles sont profondément pertinentes à différents aspects de l'existence quotidienne, de l'auto-amélioration à la retraite aux méthodologies et systèmes instructifs imaginatifs pour atténuer la dégradation mentale liée à l'âge. .

Éléments clés de connaissances

• La flexibilité du cerveau : Comprendre l'adaptabilité du cerveau nous permet d'adopter des modes de vie et de participer à des exercices qui favorisent le développement mental et la force.

• Une approche globale de l'apprentissage : un apprentissage convaincant n'est pas exclusivement une question d'engagement scientifique, mais implique également de surveiller les facteurs liés au mode de vie, les états profonds et les motivations inspirantes.

• Apprentissage durable : La quête d'informations et de nouvelles rencontres ne doit pas diminuer avec l'âge mais plutôt se poursuivre comme une tentative profondément enracinée pour suivre l'impératif mental et améliorer les voyages de la vie.

Futurs roulements

Alors que nous nous trouvons au bord de l'exploration et des avancées émergentes, le domaine de la mise à niveau mentale est plein de potentiel. Les progrès des neurosciences, des étapes d'apprentissage informatisées et de l'enseignement personnalisé promettent de modifier davantage notre compréhension et nos capacités. L'étude des interfaces cérébrales des ordinateurs, de la réalité élargie à des fins pédagogiques et des opportunités de croissance personnalisées basées sur l'intelligence artificielle ne sont que l'horizon de ce qui est concevable.

Dernières considérations

L'excursion à travers « Les prouesses intellectuelles : ouvrir les perspectives privilégiées de l'apprentissage et de la mémoire » a été une révélation, non seulement des capacités de l'esprit humain, mais aussi du potentiel en chacun de nous d'améliorer nos capacités mentales et notre satisfaction personnelle. C'est une source d'inspiration, une mise à jour du fait que nous ne sommes pas des bénéficiaires détachés de nos limites mentales mais plutôt des membres dynamiques dans leur formation.

En fermant ce livre, puissiez-vous transmettre l'intérêt, les méthodologies et les expériences acquises dans votre routine quotidienne. Qu'il s'agisse d'adopter de nouvelles procédures d'apprentissage, d'adopter un meilleur mode de vie ou de participer à un apprentissage durable, la manière d'ouvrir la capacité maximale de votre esprit est à la fois une excursion individuelle et collective. Permettez-nous de continuer à enquêter, à apprendre et à nous développer, car courir après l'information réside dans la capacité de nous changer nous-mêmes et de changer notre environnement général.

Un grand merci à vous d'avoir entrepris cette excursion à travers les pages de ce livre. Puisse-t-il être une pierre d'aventure vers un avenir où les connaissances privilégiées de l'apprentissage et de la mémoire continuent de se déployer, éclairant les voies vers une compréhension, un développement et une satisfaction plus importants.

Annexe A : Glossaire des termes

Cette partie caractérise les termes clés utilisés tout au long du livre, donnant aux lecteurs une référence rapide pour comprendre les idées logiques et instructives liées aux prouesses intellectuelles, à l'apprentissage et à la mémoire.

- Neurosciences cognitives : étude de la manière dont le fonctionnement cérébral est lié aux processus de pensée, d'apprentissage et de mémoire.
- Neuroplasticité : capacité du cerveau à changer et à s'adapter en réponse à de nouvelles expériences, apprentissages ou blessures.
- Réserve cognitive : la résistance de l'esprit aux dommages causés au cerveau. Cela explique pourquoi certaines personnes atteintes d'une pathologie cérébrale conservent leurs fonctions cognitives, tandis que d'autres présentant une pathologie similaire présentent des déficits de mémoire et de réflexion.
- Répétition espacée : une technique d'apprentissage qui implique des intervalles de temps croissants entre les révisions ultérieures du matériel appris précédemment afin d'exploiter l'effet d'espacement psychologique.
- Rappel actif : une pratique dans laquelle les apprenants stimulent activement leur mémoire pendant le processus d'apprentissage en se testant sur le matériel qu'ils essaient d'apprendre.
- Interrogation élaborée : une méthode qui améliore l'apprentissage en posant des questions « comment » et « pourquoi » pour approfondir la compréhension du sujet.

- Pratique entrelacée : une stratégie de pratique qui implique de mélanger différents sujets ou formes de matériel au sein d'une seule session d'étude.

Annexe B : Lectures et ressources recommandées

Pour explorer davantage les sujets de la puissance cérébrale, de l'apprentissage et de la mémoire, cette section répertorie des livres, des articles et des ressources en ligne qui offrent des informations plus approfondies et des stratégies supplémentaires.

Livres

- "Make It Stick: The Science of Successful Learning" par Peter C. Brown, Henry L. Roediger III et Mark A. McDaniel - Un guide complet de stratégies d'apprentissage efficaces soutenues par la recherche scientifique.
- "Le cerveau qui se change : histoires de triomphe personnel aux frontières de la science du cerveau" par Norman Doidge - Une exploration de la neuroplasticité et de la capacité de changement du cerveau.
- "Mindset: The New Psychology of Success" par Carol S. Dweck - Discute de l'impact des mentalités fixes et de croissance sur l'apprentissage et la réussite.

Ressources en ligne

- Coursera et edX : plateformes proposant des cours sur un large éventail de sujets, notamment les sciences cognitives et la psychologie, dispensés par des universités de premier plan.
- Anki et Quizlet : outils pour mettre en œuvre la répétition espacée et le rappel actif via des flashcards.
- TED Talks : conférences inspirantes sur l'éducation, les sciences cognitives et le développement personnel.

Annexe C : Applications et technologies utiles pour l'apprentissage

Cette section met en évidence plusieurs applications et technologies conçues pour prendre en charge diverses stratégies d'apprentissage, améliorer la mémoire et promouvoir la santé cérébrale.

- Duolingo : une application d'apprentissage des langues qui utilise la répétition espacée et la gamification pour rendre l'apprentissage de nouvelles langues amusant et efficace.
- Lumosity : une application d'entraînement cérébral proposant des jeux conçus pour améliorer la mémoire, l'attention, la flexibilité, la vitesse de traitement et les compétences en résolution de problèmes.
- Headspace : une application proposant des pratiques guidées de méditation et de pleine conscience, bénéfiques pour la gestion du stress et les fonctions cognitives.

Conclusion des annexes

Les suppléments informatifs donnent la possibilité d'effectuer des recherches plus approfondies et d'avancer sans cesse au-delà de la substance centrale de ce livre. En utilisant le glossaire pour une référence rapide, en s'appuyant sur les lectures et les atouts suggérés et en consolidant les applications et les avancées précieuses dans leurs méthodologies d'apprentissage, les lecteurs sont prêts à poursuivre leur excursion vers l'ouverture maximale de leurs capacités mentales. Cette réserve d'outils complète non seulement les expériences partagées tout au long du livre, mais incite également les lecteurs à rechercher un engagement profondément enraciné en matière d'apprentissage, de mise à niveau mentale et, dans l'ensemble, de bien-être mental.